NEUF MOIS DE MA VIE

PAR

C. F. THÉRY.

PREMIÈRE PARTIE.

SOMMAIRE.

L'avance de 15 francs. — La demande de fonds. — Le silence. — La cafetière de six tasses. — La proposition. — Les prix de location. — La petite observation. — Le dépôt de 40 francs. — Le sophisme. — Le patelinage. — Les 3 traites. — La surprise, l'offense et la lettre par commission. — Le compte-général, ou les mémoires insuffisans. — Les dattes. — Les personnalités. — La traite impayée.

Collége de Sibiville, le 12 Juillet 1854.

Monsieur Théry,

Mon père me demande un peu d'argent. Comme je n'aime pas à en envoyer, je vous prie de lui remettre quinze francs que je vous rembourserai aussitôt arrivé à Arras. Vous me ferez grand plaisir. Votre tout dévoué serviteur.

Est signé : E. Pruvot, prêtre.

Arras, le 19 Septembre 1854.

Monsieur Dadier,

Je viens vous rappeler que, bien que nos relations se soient, le 26 octobre 1849, ouvertes au terme de six mois pour le paiement, les années 1850-51, 1851-52 restent toujours à liquider ; quant à l'année 53-54, je n'en parle pas.

Si vous pouvez, avant dix jours, m'envoyer un peu d'argent, vous me ferez grand plaisir. Ma fille est de retour de vos parages et vous présente son respect.

Dans l'espoir que vous ne vous montrerez pas sourd à mon appel de fonds, je suis, Monsieur Dadier, votre très-humble serviteur. C. F. Théry, libraire.

Sibiville, le 11 Octobre 1854.

Monsieur Théry,

Je vous rappelle que vous devez m'envoyer une Cafetière de six tasses que Mlle Théry doit m'avoir achetée. Agréez l'assurance de mon parfait dévouement.

Est signé: E. PRUVOT.

Le 18 Octobre.

Ma lettre a été retardée de huit jours, parce que Polycarpe n'a pas voyagé la semaine dernière. J'ai oublié, pendant les vacances, de vous faire une proposition. J'ai promis à mes parens de payer le prix de leur location et, comptant sur votre complaisance, je leur ai dit qu'ils pourraient, tous les mois, aller chercher onze francs chez vous.

Ainsi, sans avis contraire de votre part, je vous enverrai onze francs la semaine prochaine et mes parens iront vous les demander le 1er ou le 2 du mois prochain. Tout à vous.

Est signé : E. P.

Collége de Sibiville le 25 Octobre 1854.

Monsieur,

Je n'ai pas reçu le *Magasin Catholique* octobre. Je ne vois pas non plus arriver la Cafetière de six tasses que j'avais prié Mlle Théry de m'acheter et pour laquelle je vous ai remis cinq francs. Parlez moi, s'il vous plaît, de ma Cafetière. L'avez-vous envoyée ? l'avez-vous achetée ? ou dois-je en acheter une à Frévent ?

J'ai fait part à M. Dadier de *votre petite observation*, il m'a dit qu'il *m'en parlerait demain*. Pour moi, je vous envoie toujours quarante francs en dépôt. N'oubliez pas que vous ne devez donner à mes parents que onze francs par mois. Vous n'avez pas besoin de leur demander de reçus. Vous me donnerez avis, s. v. p. de la réception de mes quarante fr. pour ma tranquillité sur le voyage de mon argent. Votre tout dévoué serviteur.

Est signé : E. PRUVOT, prêtre.

Monsieur,

Le messager devant partir tout à l'heure, j'ai peu de temps pour vous écrire. A entendre M. Pruvot, je vous redois encore et assez bien sur l'année 52-53; de mon côté, je crois ne vous devoir rien du tout. Comme les paiements ont été faits *l'un par l'autre*, il est possible qu'il s'y soit glissé des erreurs. Vous me feriez donc plaisir de m'adresser un compte qui remonte à l'époque où, même selon vous et selon M. Pruvot, je ne vous devais rien. Veuillez y apporter toute l'attention dont vous êtes capable. Je ne vous envoie rien aujourd'hui, surtout parce que je n'aime pas à envoyer d'argent par Polycarpe. J'ai aussi reçu peu à notre rentrée qui, d'ailleurs, n'est pas encore entièrement effectuée. Recevez, Monsieur, mes salutations bien sincères et toujours légitimes.

Est signé : DADIER.

Sibiville le 27 Octobre 1854.

Arras le 28 Octobre 1854.

Monsieur Dadier,

Le messager devant repartir tout à l'heure, j'ai peu de temps pour vous répondre. A voir votre lettre du 4 novembre 1852, à voir quelques lettres de votre *factotum* l'abbé Pruvot, de mon côté, je crois non au hazard que vous me redevez encore et assez bien sur les années 50-51, 51-52. En outre, comme il ne m'a, depuis fin octobre 1853, été fait aucun paiement par l'un, par l'autre, il est impossible qu'il se soit glissé des erreurs dans le néant. Vous me feriez donc plaisir de m'adresser un à-compte rondelet sur les fournitures postérieures à l'époque où, même selon votre leste et pratique bonne foi, vous ne me deviez rien. Veuillez y apporter toute la diligence dont est capable votre proverbiale lenteur et ne plus me prétexter avec un aplomb gravement doctoral que vous n'aimez pas à envoyer d'argent par Polycarpe et que vous avez aussi reçu peu à votre rentrée scolaire. — Je ne vous envoie pas aujourd'hui grand éclaircissement *ad rem*, surtout parce que je n'aime pas à balayer des sophismes et qu'il me répugne de bassiner un sexagénaire à court de mémoire et, ce qui pis est, peu fort en fonds. J'ai, d'ailleurs, à consulter préalablement un répertoire, un précieux dossier de lettres où je lis, entr'autres choses, que si vous êtes honteux et piteux, ce n'est certes pas d'avoir effectué, fait effectuer trop de paiemens chez votre très humble serviteur. C. F. Théry, libraire.

Arras le 3 Novembre 1854.

Quæ tu cumque mihi scribebas quinque per annos,
Asservata eadem hæc teneo semperque tenebo.

Monsieur Pruvot,

Il paroit que du 27 octobre 1852 au 27 octobre 1853 et du 27 octobre 1853 au 27 octobre 1854 il y a loin pour M. Dadier. Aussi m'est-il, la semaine passée, venu du colllége de Sibiville une lettre qui n'a ni les ressemblances, ni les airs de famille de ses nombreuses devancières, lettre de tricheurs et pour ne pas mâcher les mots, fille osée du sophisme et de l'escobarderie.

Cette lettre que d'autres prendroient pour un coq-à-l'âne, plus je l'examine, plus je me prends à croire que ce qui me fut, vers la mi-juillet 1852, dit et prédit par une bouche moins coïntéressée que la vôtre pourroit bien ne plus tarder à s'accomplir.

Ma petite observation du 28 septembre dernier, observation que vous n'avez pas oubliée, puisque vous en avez, à la fin, fait part à M. Dadier, portoit sur les années 1850-51, 1851-52 lesquelles restent toujours à purger, à liquider et ne rouloit pas bêtement sur l'année scolaire 52-53 laquelle fut réglée, close et balancée par votre solde de 119 francs 80 centimes. Pas de besoin n'est de vous remémorer que ces 119 fr. 80 c. je les ai dans un moment de foule et sans me méfier de votre œil finaud de diacre endimanché, portés, inscrits, relatés au bout d'un livre dont la modeste couverture est en toile. Pour vous parler en toute franchise, sans respect humain aucun, je ne conçois pas que, tantôt à court de fonds (1), tantôt sans argent (2), tantôt gardant l'argent dont vous me parliez (3), tantôt peu fort en fonds (4), tantôt honteux de me devoir depuis si long-temps (5), tantôt un peu gené (6), tantôt dormant son

(1) 12 Mars 1850. (2) 1er Juillet 1850. (3) 9 Octobre 1850. (4) 13 Mars 1851. (5) 27 Octobre 1852 (6) 4 Novembre 1852.

sommeil de Mycille à côté de la lettre que (1), non je ne conçois pas qu'un homme tel que M. Dadier s'évertue à passer un narguant linceul de malicieux oubli sur 1851, sur 1852, afin d'éluder mes légitimes prétentions et de me glisser sous des apparences de bonne foi que, de son côté, il croit ne me devoir, ne me redevoir rien du tout.

Si, sans reproduire ici votre réponse du 27 octobre 1853, si, par ménagement et par égard pour votre caractère sacerdotal, il faut, Monsieur Pruvot, éloigner la pensée que vous soyez, pour des raisons à vous connues, l'instigateur, la cheville ouvrière du manège plus que dubitatif de Monsieur le Principal, toujours est-il que depuis un mois, vous passez votre temps à ruminer, à machiner je ne sais quels subterfuges. Vous ne respirez pas, vous aspirez. Vous n'agissez pas pour me faire payer, vous vous agitez pour m'exploiter, ou si vous m'écrivez, c'est pour me conter que, pendant les vacances, vous avez oublié de me faire des propositions fort louables d'ailleurs, c'est pour me recommander de ne donner à vos bons parents que 11 fr. par mois, c'est pour me demander nouvelles sur nouvelles de votre cafetière tant désirée, la cafetière de six tasses.

Ne vous étonnez pas si j'avance que, bien que griffonnée par la main tremblante de M. Dadier, la lettre qui nous occupe est votre œuvre à vous, a été rédigée par vous en votre chambrette et à la terne lueur de votre lampe économique.

En tous cas, ce qu'il y a de certain c'est que l'adresse de cette lettre artificieuse est de vous tout aussi bien que les membres de phrase : « vous me feriez donc plaisir de.... je ne vous envoie rien aujourd'hui surtout parce que je n'aime pas à envoyer d'argent par..... (2) ». Compte après cela, compte, libraire, sur le parfait dévouement de qui se dit tout à toi !

Mais rentrons dans la question. Le malaise pécuniaire de M. Dadier est sans doute le même et tel en 1854 qu'il étoit en 1850, en 1851, en 1852.

Qu'il n'espère pas lui qui m'eut, en janvier 1853, fait une avance pour compenser la prolongation du crédit, qu'il n'espère pas se débarrasser de sa chemise de Déjanire en

(1) Voir lettre du 19 Septembre 1854, page 1re. (2) Voir lettre du 12 juillet 1854, page 1re.

prenant de concert avec vous la partie pour le tout et en feignant de croire que, parce que le maigre compte de 52–53 est réglé, il ne me redoit rien du tout sur les deux années antérieures.

Quant aux onze paiements tiraillés, saccadés, paiements qui ont, depuis septembre 1850 jusqu'à fin octobre 1853, été faits par vous, par Hesdin Polycarpe et par d'autres, est-il possible, est-il même supposable qu'il s'y soit glissé des erreurs? en présence de mes acquits lesquels se dressent collectivement pour dissiper toute ombre de doute à ce sujet, comment un ancien professeur de philosophie se prête-t-il à me transcrire des absurdités de carrefour?

Vraiment, il se met à la remorque de quelque *factotum* sujet à caution, et je ne l'en savais pas capable !

Tout ce que je sais c'est que, au lieu de régler par six mois ou par année, la maison enseignante dont vous êtes la colonne et le lampion a, depuis mars 1850 jusqu'à présent, clopiné grossissant avec moi ses arriérés, entassant, superposant chez moi vieux sur vieux, dettes sur dettes.

Si, nonobstant ces explications glanées et non dérobées dans votre champ, on veut, on entend que les : 1° Avoir emprunté chez moi 850 francs, 2° m'avoir, dans une lettre consentie par M. Dadier, dit que, si je pouvois attendre jusqu'au mois de..., cela l'arrangeroit parce qu'il avait dessein de.... soient remplacés par des sophismes, force me sera de prendre le houssoir etc.

A cette heure, contentons nous, pour la gouverne présente et future de Monsieur Pruvot, de lui rappeler que quarante siècles environ nous séparent du soir que Lia fut, à la place de Rachel, glissée par la mauvaise foi de Laban dans la couche nuptiale du trop candide et trop peu défiant Jacob. *Et vespere Liam filiam suam introduxit ad eum.* Gen. c. 29 v. 23.

Prévenons encore Monsieur Pruvot que, si c'est la coutume au collége de Sibiville d'acquitter par soubresaut les dettes postérieures afin de pouvoir renvoyer aux kalendes grecques les dettes antérieures, de mon côté, je suis homme à dire, à qui de droit : *Quid est quod facere voluisti!* Gen. 29, 25.

Combien du 27 octobre 1852 au 27 octobre 1853 et du 27 octobre 1853 au 27 octobre 1854 il y a loin pour vos âmes de professeur et de principal! que je m'estime heureux d'avoir rangé, conservé soigneusement :

« Quæ tu cumque mihi scribebas quinque per annos ! »

Sachez et n'oubliez pas que vous m'avez, ces années passées, construit, élevé des phares, que ces phares répandront leur clarté lumineuse sur un compte qui, pour remonter à l'époque où M. Dadier ne me devoit rien, a besoin de commencer *ab ovo*, d'être pris avant la semaine qu'il avoit, à vous entendre, vidé coffres et tiroirs pour faire au comptant acquisition de 80 hectolitres de bled.

A part cette hâblerie prélude de tant d'autres et pour faire plaisir à M. Dadier, je tacherai d'apporter au compte par lui demandé toute l'attention dont je suis capable et, cette attention sera, je vous le promets, accompagnée d'un bon vouloir qu'il n'apporte pas, que vous n'apportez pas à m'envoyer un peu d'argent.

Concluons en espérant que ce prêtre de soixante ans et qui jouit, ce me semble, d'autre chose que d'une certaine fortune sera mieux servi par mes onze acquits que par sa mémoire. Espérons que, éclairée à souhait par ces acquits cent fois plus mathématiques et plus positifs que toutes les mémoires du monde, la conscience de M. Dadier ne s'avisera pas de donner la valeur d'un *double payement* à votre doctorale visite du troisième mardi d'octobre 1851. Ce seroit de sa part une lourde et grave erreur.

Espérons que, quelque soit l'appauvrissement de sa bourse, il se fera honneur de démentir formellement les propos mal-sonnants qui m'ont, sans que je les ai provoqués, été tenus sur son compte.

Espérons surtout que, si vous vous êtes, ou pour payer des prix de location, ou pour soulager et conjurer certaines misères, montré large et généreux avec des deniers, en vous servant de deniers qui n'étoient pas les vôtres, vous viendrez, afin de n'être pas l'auteur d'orageux conflits entre un principal de collége et un pauvre libraire, vous viendrez, en toute franchise, sans respect humain aucun, l'avouer à votre vrai serviteur. C. F. Théry.

Arras, le 9 Novembre 1854.

Nulla meam fando spurcent mendacia linguam,
Absit et à labiis frausque dolusque meis !

Monsieur Dadier,

Tout en groupant, tout en classant par ordre de dates les divers éléments du compte par vous demandé, il me vient une idée que vous ne blâmerez pas, celle de vous soumettre, de vous mettre préalablement sous les yeux certains incidents qui s'y rattachent et que la Providence plus que le hazard a laissé surgir à effet de le rendre, un jour ou l'autre, dramatique si vous...

Ces incidents que vous pouvez, à votre âge, oublier, avoir oubliés, je vais vous les rappeler, vous les exposer sans exagération, sans passion et vous jugerez si deux maigres règlemens de compte, l'un sur les fournitures classiques, l'autre sur les livres de prix de 52-53, règlemens qui ne sont pas contestés, prouvent d'une manière invincible que pour les deux années antérieures vous ne me redevez rien du tout. Veuillez me lire avec toute l'attention dont vous êtes, dont est capable un prêtre aussi saint que vous.

Nos relations, ouvertes depuis plus de quatre mois, cheminoient sans encombre, quand je vous ai, quand j'ai écrit à M. l'abbé Pruvot que le terme entre nous convenu pour régler approchoit. C'était dans la première semaine de mars 1850.

Chargé de me répondre, votre ingénieux *factotum* qui n'étoit pas alors monté de cafetière de six tasses m'alambiqua que, n'ayant pas prévu ce qui était arrivé, vous aviez, justement cette semaine là, fait au comptant une acquisition colossale pour vous, l'acquisition de quatre-vingts hectolitres de bled de sorte que vous étiez à court de fonds.

A court de fonds, mon cher Monsieur, vous l'étiez encore le jour que je vous avois, sur invitation écrite, porté moi-même et que je vous remettois à vous-même mon mémoire de 372 fr. 15 c. Il doit vous souvenir que, le mémoire remis, déroulé, parcouru, vous me marchandiez, vous vouliez me rogner ce qui excédoit 360 francs et que, le 1er juillet (1), je sortais de votre Oasis arriérée

(1) 1850.

tout aussi léger d'argent que j'y étois entré la veille au soir.
Dieu me garde de vous remémorer que votre pénurie d'es-
pèces sonnantes laissoit alors échapper ces mots textuels et
qui ne sont pas tombés dans l'oreille d'un chat : « Avant
de vous connoître je faisois des affaires avec Mme Pous-
sielgue-Rusand et, plus d'une fois, il m'est arrivé de lui
laisser retourner des traites », la raison sous-entendue
n'en est-elle pas que, lors de la présentation de ces
traites, vous étiez sans argent, à court de fonds ? à court
de fonds ! ne l'étiez-vous pas encore en octobre même
année ? au lieu de m'envoyer le montant de ce qui restoit
à payer de mon mémoire, ne gardiez-vous pas l'argent
dont me parloit M. Pruvot ? ou, ce qui revient au même, ne
le faisiez vous pas servir au ravitaillement de votre
collége ? Ce qu'il y a de certain, c'est que le reliquat
de 172 fr. 15 c., reliquat réduit par votre bon plaisir et celui
de M. l'abbé Pruvot à 167 francs ne fut déposé chez
moi que le premier mardi d'Avent. Notons que deux
francs manquoient à l'appel. S'il le falloit, l'acquit par moi
délivré témoigneroit bien pour une moitié et le messager
Polycarpe pour l'autre. Mais, sans plus nous arrêter à la
bagatelle de deux francs, de sept francs quinze centimes,
passons aux livres de prix, livres à vous expédiés le 2 du
mois d'aout 1850.

Si vous prétendiez que le montant de cette livraison était
acquitté le 13 mars 1851, je vous répondrais appuyé sur
le témoignage écrit de votre agent que, les poules de votre
basse-cour ne pondant pas des œufs d'or, vous étiez, *in
illâ die*, peu fort en fonds. Probablement encore que vous
aviez, à l'approche du carême, pour votre carême, fait acquisition au comptant de soixante quinze à quatre-vingts
cabas d'excellentes figues. En tous cas, vous étiez bien
aise de ne solder qu'à Pâques. Rendons à Monsieur Dadier
la justice d'avoir, le Vendredi-Saint, fait solder intégrale-
ment les livres de prix en question, et cela, par Hesdin
Polycarpe.

Mais il s'en faut de beaucoup que pour les fournitures
subséquentes et postérieures au 2 août susdit, je puisse
vous rendre le même témoignage.

Comme vous ne nous aviez, de Pâques 1851 à la
Saint-Jean, de la Saint-Jean à l'Assomption, de l'Asso-
so   n à la Saint-Rémy, de la Saint-Rémy à la Saint-

Luc., fait faire aucun paiement par l'un, par l'autre, nous espérions qu'accourue, que descendue à Arras le jour que Monseigneur Parisis y faisait son entrée solennelle, votre bonne volonté nous causerait une agréable surprise en acquittant vos débets lesquels remontaient et remontent toujours au 11 octobre 1850. Que s'est-il passé ? le soir, sur le soir de ce jour-là, nous eûmes l'imposante visite des hauts empanachés du collége de Sibiville, MM. Dadier et Pruvot. Mais cet état-major nous visitait moins pour nous apporter, nous verser un peu d'argent que pour quêter et recruter comme élève pensionnaire et, qu'on nous passe le mot, comme chair à paiemens un de nos garçons, l'ainé de nos garçons qui ne jouissait pas d'une forte santé.

Ce fils de tant douce mémoire, ce fils pour le repos de l'âme duquel vous vous êtes, du 9 au 13 novembre, chargé bien volontiers de dire les deux messes que je vous avais demandées, avait pendant son trop court pélerinage ici bas, connu quelque chose du courtois et patelin M. Pruvot. Comme cet abbé savait, sait se couvrir d'une peau de brebis bien qu'il soit au fond un......, feu notre fils avait un je ne sais quel pressentiment de ce qui se brasse aujourd'hui. Que de fois il m'a exprimé ses craintes à ce sujet ! n'ajoutons pas que, pour les faire passer dans mon âme trop peu défiante, il écrivait sur un grand livre où figure votre nom ceux de Laban Lia Jacob :

Jacobo Labanus miscuit arte Liam.

Oh ! puisse dans le monde de là haut, monde différent du nôtre, monde où l'on ne doit, l'on ne redoit rien du tout, monde où, par conséquent, les paiements ne sont pas faits *l'un par l'autre*, monde où l'on ne ruse pas, où l'on ne sophistique pas, puisse ce fils objet et sujet d'un deuil qui ne s'effacera jamais de ma mémoire prier pour un principal de collége, M. Dadier qui la veille de la Saint-Simon 1852 avait des fonds disponibles et pouvait me payer tout ce qu'il me devait !

Puisse ce fils tant aimé, si digne de l'être prier efficacement pour un professeur de rhétorique, M. Pruvot qui, la veille de la Saint-Simon 1853, alors que l'année 52-53 était réglée, croyait que j'aurais le lendemain 200 francs d'une part et 100 fr. de l'autre !

En attendant, Monsieur Dadier, que je satisfasse au désir formulé par votre lettre du 27 octobre dernier, lettre trop peu hâtée pour figurer comme réponse à mon appel de fonds (9), en voilà trop pour que chez vous l'évidence ne s'acquière pas facilement.

Il m'est avis que vous avez, que je vous mets sous les yeux non une débauche d'esprit, un roman, mais l'historique vrai de l'état peu prospère de vos finances, du délabrement de vos fonds durant les années 1850, 1851, 1852.

Reproduction presque textuelle du copie de lettres de votre *factotum*, cet aperçu détruit votre assertion du 27 dernier, assertion toute bardée de sophismes. Devant cet aperçu qui n'est pas une injure pour vous, il n'y a plus à ergoter. Cet aperçu doit suffire pour vous convaincre que, bien que deux maigres règlements de compte, l'un sur les classiques, l'autre sur les prix de 52–53, aient eu lieu dans le cours des vacances d'août 1853, vous m'êtes encore pour les années 1850–51, 1851–52 redevable de plus de 420 fr. de plus de 572 francs.

Si vous n'avez pas de raisons de croire quand même que, comme les paiements ont été faits *l'un par l'autre* il est possible qu'il s'y soit glissé des erreurs, si vous n'êtes pas fasciné, mené par l'abbé Pruvot, ouvrez votre secrétaire, prenez mes factures, mes acquits que vous n'avez sans doute pas laissé égarer et, avec cette bonne intention que Dieu vous connait, consultez-les, confrontez-les. Confrontés et consultés les uns et les autres vous apprendront, si vous l'ignorez, vous prouveront, si vous n'en êtes pas convaincu, que, indépendamment des fournitures de 53–54 et même en défalquant vos honoraires pour les deux messes sus-mentionnées, votre passif chez un pauvre libraire monte de 586 à 600 francs.

Pour conclure souvenez-vous, mon cher Monsieur, qu'après m'avoir, vers fin octobre 1852, promis en Laban l'aimable Rachel si je....vous glissiez huit jours après, Lia dans la couche de votre serviteur.

> *Nulla meæ fando sedëre sophismata linguæ,*
> *Nec fuit in labiis frausque dolusque meis.*

C. F. Théry.

(9) Voir page 1re, lettre de septembre.

Collége de Sibiville le 16 Novembre 1854.

Monsieur Théry,

Vous aurez sans doute été surpris de ne recevoir aucune nouvelle de M. Dadier par le fils de Polycarpe. La raison en est que, moi seul, j'ai eu connaissance de son départ pour Arras et encore seulement au moment même qu'il partait.

M. Dadier, sans soupçonner le moins du monde qu'il y ait mauvaise foi de votre part, est toujours dans la persuasion qu'il y a erreur dans votre compte. Pour acquérir une certitude à ce sujet, il s'occupe à repasser les mémoires des années passées et doit s'informer auprès de MM. Lépinoy et Robert des versements qu'ils ont faits chez vous. Quant au montant des fournitures de l'année dernière il espère pouvoir vous contenter sous peu.

Il a trouvé votre lettre un peu acerbe ; quelques expressions qu'il ne m'a pas citées l'ont blessé. Il m'a dit à ce sujet, que les avantages qu'il a trouvés chez vous, il les avoit toujours eus à Paris, que, s'il s'est mis en rapport avec vous, ça été plus par intérêt pour votre maison que par utilité pour la sienne.

Maintenant M. Théry, je vous dirai bonnement et simplemement ce que je pense à ce sujet. J'ai été fort surpris lorsque vous m'avez parlé de reliquats d'années antérieures à 52–53 ; j'ai été surtout étonné lorsque j'ai su qu'ils montoient si haut. Toutefois je n'ai fait part de mes refléxions à personnes. Mais il me semble me rappeler vous avoir dit en acquittant le compte de M. Dadier : « au moins vous n'aurez encore à redouter aucun des dangers que vous a prédits M. Autricque, » et cela a du nécessairement avoir lieu après l'ouverture de la maison de M. Autricque puisque, quand vous m'avez fait part des propos qu'il avait tenus sur le compte de M. Dadier, déjà il ne prenait plus ses fournitures chez vous. Enfin, ce qu'il y a de certain dans cette affaire, c'est que M. Dadier ou M. Théry a tort ; mais, en tout cas, je suis intimement convaincu que le tort de quelque côté qu'il soit, est bien involontaire. Toutefois, cette erreur ne laisse pas de me contrarier beaucoup, et je vous avoue que, depuis plusieurs jours, pendant le saint sacrifice de la messe je demande instamment à Dieu qu'il veuille bien éclairer celui des deux qui se trompe.

Espérons toujours que cela n'aura pas de mauvaise fin et que de bons renseignements viendront dissiper les ténèbres qui nous cachent la vérité.

J'ai cru devoir vous écrire ces quelques mots pour vous empêcher d'interpréter mal le silence de M. Dadier et le mien.

Agréez, cher Monsieur, l'assurance de mon parfait dévouement.

Votre très humble serviteur.

Est signé : E. Pruvot, prêtre.

————

Arras, le 20 Novembre 1854.

Qui ficto sermone suum titillat amicum,
Blandus hic expandit gradienti rete plagasque,
In quibus expansis laqueet nil tale timentem.

Monsieur Pruvost.

Non, je n'ai pas été du tout surpris de ne recevoir aucune nouvelle (1) de M. Dadier par le fils de Polycarpe. La raison en est que, lorsqu'à mon âge on passe cinq grosses années sous des maîtres et avec des philosophes comme vous, on voit, on apprend, on retient beaucoup. Je sais donc par expérience que pour M. Le Principal du collége de Sibiville autre chose est de m'exprimer, de me faire exprimer les besoins de son établissement, autre chose est de me payer, de me faire payer aux termes par vous-même proposés et posés.

Dans le premier cas, vous avez, il a du temps pour m'écrire, et votre homogène vigilance ne se laisse jamais surprendre par l'heure du départ de votre messager hebdomadaire, dans le second, vous aimez professeur et principal à dormir profondément, et votre sommeil de vrais Endymions s'irrite d'être interrompu, troublé par le jour, par le moment même qu'Hesdin Polycarpe ou l'imberbe Phaëton son fils, part pour Arras.

Mais là n'est pas le nœud gordien de l'affaire. Essayons de le démêler dans le contexte d'une lettre où le

(1) *Escolarderie.*

loup se déguise en mouton, le fourbe en ami. Examinons ce piège d'un Scobar, scrutons, pour n'y pas être enlacé, ce filet artistement tendu par votre main de prêtre sous les pas d'un libraire trop longtemps sans aucune méfiance de vous, trop longtemps avec vous tel qu'une ville champêtre ;

Aggrediamur opus collata luce, nec ullas
Rem super hancce meam tenebras volitare sinamus.

A vrai dire, à parler sans détour, depuis 1852 il existe au fond de votre cœur labouré par le mensonge un de ces ulcères que l'on ne découvre pas, que vous ne découvrez pas à M. Dadier et c'est un fait certain que, après avoir, par des tours d'adresse qui vous sont propres, ensorcelé ce sexagénaire, vous êtes maintenant de connivence avec lui, il est maintenant de connivence avec vous pour m'amadouer, me carotter et me gruger.

Si vous aviez toujours été probe, droit, intègre dans la manutention des deniers à vous remis, à vous confiés, mettriez-vous, à l'heure qu'il est, toute votre industrie d'Ebroïn, de Landeric à m'écrire que le Lothaire, l'apathique Roitelet de l'Etat enseignant de Sibiville, sans soupçonner le moins du monde qu'il y ait mauvaise foi de ma part, est toujours dans la persuasion non plus que, comme les païemens ont été faits *l'un par l'autre*, il est possible qu'il s'y soit glissé des erreurs, mais qu'il y a erreur dans mon compte. Sachez, Monsieur Pruvost, que cloué dans vos comptes d'apothicaire, le mot erreur ne peut s'en détacher pour venir se glisser dans le mien, et craignez qu'attisée, qu'entretenue par vos manœuvres, la persuasion actuelle de M. Dadier ne tourne à votre confusion, n'ébrèche votre avenir! *Non est sapientia, non est prudentia, non est consilium contrà Dominum.* Prov. xxi, 30.

En raisonnant dans l'hypotèse que, sur les observations d'un quelqu'un bien avisé, M. Dadier passe ex-abrupto des soins grossiers de sa basse-cour, des soins matériels de ses champs, de sa culture a des soins plus nobles et plus dignes de lui, ceux de son établissement, de son collége, qu'il ressaisisse les rênes de son petit empire et que, sous l'impression de données pour vous compromettantes, il vous dise : « *Quid hoc audio de te? Redde rationem villicationis tuæ,* » Qu'avez-vous à produire? des jeux de bourse. Prévenez, Monsieur, ce qui est plus possible, ce qui seroit plus grave qu'une prétendue erreur dans mon compte, prévenez ce cas en ôtant la poutre qui est dans votre œil ; ça vaudra mieux que de suggérer à M. Dadier qu'un brin de paille a pu se glisser dans le mien ; ça vous rendra la paix de l'âme, la joie du cœur à vous qui, privé de ces deux biens, ne faites part de vos refléxions à personne. Mais ne singeons pas Gros-Jean : au lieu de descendre à des conseils qui sans doute ne seront pas goûtés, reprenons, en tranchant, le fil de notre sujet.

Ce qui, Monsieur Pruvot, surpasse mon imagination c'est que, lorsque pour les années 1850-51, 1851-52 M. Le Principal n'a par devers lui que ma série de factures, vous veniez, comme si vous ignoriez cela, m'écrire que pour acquérir des certitudes il s'occupe à repasser les mémoires des années passées. Espérez-vous me faire accroire que, pour s'entourer de certitudes, un ancien professeur de philosophie, de logique sasse et ressasse le néant ? Prenez y garde, mon frère, lorsque chez nous prêtres ou laïques la conscience est obstinément malade, forcément la raison déménage.

Que possédant, qu'ayant sous la main les quittances des quelques versements faits chez moi par deux honorables pères de famille d'Arras, notre sexagénaire en débine feigne de s'adresser à eux, de prendre auprès d'eux des informations, libre à sa gêne, à son malaise de recourir à des moyens qui n'en sont pas, honte à votre encre, à votre plume de m'en faire *part*.

Maintenant, Monsieur Pruvot, je vous dirai bonnement et simplement ce que je pense à ce sujet. Il feroit bien mieux M. Dadier, vous feriez bien mieux vous-même de derouler, de lire mes acquits, de demander à ces héraults non menteurs à quoi vous en êtes de vos interminables comptes avec un pauvre libraire que votre parfait dévouement veut tromper, exploiter et auquel votre patelinage minaude que quant au montant des fournitures de l'année dernière on espère pouvoir le contenter sous peu, ce qui m'est un indice que chez vous les promesses équivalent à celles de Laban et que l'on est loin aujourd'hui de songer à me payer tout ce que l'on me doit.

Allons donc, mon frère, jetez aux orties vos maillots d'imposteur, laissez au renard ses ruses, ses finesses, au loup ses instincts rapaces et si vous êtes encore capable d'aimer la vérité, sachez la saisir là où elle est, ayez une bonne fois le courage de la confesser, de la faire confesser à M. Dadier !

Qu'honnête débiteur il ouvre, au lieu de perdre son temps à repasser des mémoires qu'il n'a pas, qui n'existent pas, qu'il ouvre votre copie de lettres, il se convaincra par lui-même que vous avez glissé plus que des erreurs dans son compte, que son compte a été sillonné par vous de lacunes honteuses, lacunes que vous ne refermerez pas avec la herse édentée du sophisme.

Que M. Dadier consacre une soirée à feuilleter vos lettres non acerbes, mais émaillées d'expressions mielleuses, il s'assurera que, les avantages qu'il avoit tonjours eus à Paris, il les a bel et bien cherchés chez moi, que s'il s'est mis en rapport avec moi, ça été moins par intérêt pour ma maison que dans l'espoir non condamnable d'y recruter pour la sienne des élèves que, *vous*, vous auriez *volontiers soignés d'une façon toute particulière.*

Quant à vos surprise et étonnement postiches sur les reliquats des années antérieures à 52-53, dédaignons d'en faire table rase et pour fixer irrévocablement votre souvenir nomade, le souvenir de m'avoir dit en acquittant pour 52-53 le compte de M. Dadier : « au moins pour cette année-ci vous n'aurez encore à redouter aucun des dangers que vous a prédits M... » contentons-nous de vous renvoyer, 1°, à vos lettres des 6 et 27 octobre 1852; 2°, à votre réponse du 27 octobre 1853.

De ces trois filles issues, nées du cerveau fécond de M. Pruvot et appelées par je ne sais quel dessein de la Providence à confondre leur père dans ses inconséquences, à le démasquer dans ses manéges artificieux, à le découvrir dans ses voies ténébreuses, l'aînée témoigne que, trois jours avant son départ de Sibiville pour Arras, vous empruntiez chez moi 850 francs et que, ces 850 fr. déposés par vous dans le coffre du cabriolet de M. Deusy d'Athies, vous les reportiez à M. Dadier.

La cadette atteste que, en l'année de sa naissance, vous ne m'avez donné rien du tout pour le compte de votre mandant et repète sans jamais se contredire que ce dernier étoit, le 27 octobre 1852, honteux de me devoir depuis longtemps.

La troisième bien qu'encore au berceau affirme sans bégayer que, ne vous en déplaise, les dettes antérieures à sa conception montent toujours bien haut.

Notez bien, Monsieur Pruvot, que ces innocentes créatures vous croiroient volontiers incapable du moindre faux témoignage et n'accuseroient pas légèrement de mauvaise foi un homme tel que M. Dadier.

Je suis bien persuadé que, tout en détestant vos mensonges, vos expédients, vos tours de passe-passe, elles vous chérissent trop pour aller comme de vraies femmes parler de vous dans des presbytères d'où ça passerait dans les communes et ça se répandroit même dans tout le diocèse.

Ne craignez pas qu'on les conduise de ma part à l'évêché. Craignez encore moins qu'on ne les pousse à vous diffâmer devant Monseigneur Parisis cet évêque qui n'auroit garde, tant il aime les petits enfants, de mettre les vôtres à la porte le pied dans le derrière.

Toutefois certaines que, dans l'affaire présente, M. Dadier ou M. leur père a tort, intimement convaincues que le tort, de quelque côté qu'il soit, n'est pas involontaire, ces pauvres petites s'inquiètent, s'alarment et versent des pleurs. Je vous avoue que, depuis plusieurs jours, pendant le saint sacrifice de la messe elles demandent instamment à Dieu qu'il veuille bien vous éclairer et qu'il ne permette pas que vous serviez de paillasse à M. Dadier, si jamais il est mauvais coucheur. Tenez, Monsieur Pruvot, voici l'Amen de leur prière :

Pelliculam veterem renovet pater arte politus,
Astutam vulpem sub amico corde referre
Mentirique lupum sub ovina pelle rapacem
Desinat, impuris ne sit comes additus hœdis.

Une chose, par exemple, qui contrarie beaucoup votre jeune essaim, c'est de savoir que vos ressources déjà si minimes soient dépensées en des acquisitions de cafetière de six tasses. Plus d'une fois, il m'a bourdonné que vous faisiez à mes frais bouillir cette cafetière :

Teque meo sumptu, potandi tanta cupido est !
Cafœum blandum blandique sequacia bis ter
Vascula café deliro combibere haustu, etc.

Quoiqu'il en fut, j'ai adjuré toutes vos enfants de se détromper, d'éloigner cette pensée et de croire que votre oubli du devoir n'est, ne sera qu'une fièvre passagère, une fièvre d'automne.

Espérons que cela n'aura pas de mauvaise fin pour vous;

Tu quanquam in tenebris certas mihi nectere fraudes,
Tu quamvis ficto mecum sermone loquaris,
Tu licet expandas blandus mihi rete plagasque
In queis, ni caveam, pes sit laqueandus uterque.

Espérons que, dominée par la foi, votre raison préférera la lumière aux ténèbres, la vérité au sophisme, la droiture à l'escobarderie. Espérons que, après avoir refléchi surtout dans l'intérêt de votre conscience, vous inclinerez pour le bien et suivrez, ne fut-ce que de loin, un des vôtres mort, en juin dernier, curé de Saint-Nicaise à Rouen, l'abbé Prevost qui se chargeoit de restituer des sommes de 600 francs et ne gardoit pas l'argent qui lui étoit remis.

J'ai cru devoir vous répondre en toute franchise, sans respect humain aucun et je profite de la circonstance pour vous prier de prévenir qui de droit que j'éprouve le besoin d'être contenté sous peu.

J'ai l'honneur d'être, mon cher Monsieur, votre bien dévoué serviteur, C. F. Théry.

Arras le 30 Novembre 1854.

Facta viam invenient, Virg.

Monsieur Pruvot,

Je vous donne avis de la réception de votre lettre d'hier pour votre tranquillité sur son voyage et, par la même occasion, je vous préviens que, puisque M. Dadier ne m'envoie pas d'argent par Polycarpe ou par une autre voie, je dispose sur lui de : 400 francs au 20 décembre
200 francs à fin décembre
490 francs au 10 janvier 1855.

J'ai l'honneur d'être, Monsieur Pruvot, votre très-humble serviteur, C. F. Théry.

Sibiville le 3 *Décembre* 1854.

Monsieur Théry,

M. Dadier et moi nous sommes on ne peut plus surpris de votre manière d'agir. Comme je vous l'ai dit dans ma lettre du 16 dernier, M. Dadier fait des recherches pour établir son compte avec vous, et aussitôt qu'il aura reçu les renseignements qu'il demande, il ne se refuse en aucune façon à entrer en compte. Mais que vous ayez ainsi disposé sur lui, sans même l'en prévenir, il s'en trouve gravement offensé. Aussi ne s'engage-t-il pas à payer toutes vos trois traites et il vous prie de ne pas envoyer le reste des livres demandés.

S'il y a des livres à vous renvoyer, je vous les renverrai la semaine prochaine : Car, pour le moment, je n'ai ni le temps ni la force de m'en occuper. Votre lettre a été un coup de foudre pour moi : j'ai la tête en feu, le sang bouillonne dans ma poitrine et je dois voyager demain. Par commission de M. Dadier

Est signé : E. Pruvot, prêtre.

Arras, le 7 *Décembre* 1854.

Monsieur Pruvot,

J'ai lu, relu votre dernière lettre laquelle diffère singulièrement des précédentes. Vous êtes, me dit-elle, M. Dadier et vous, on ne peut plus surpris de ma manière d'agir. Ce qu'il vous convient d'appeler ma manière d'agir est tout logique, tout rationnel et provoqué moins par mes intérêts en souffrance que par un besoin réel de rentrées. Ma réponse du 20 novembre ne vous prioit-elle pas de prévenir qui de droit que j'éprouve le besoin d'être contenté sous peu ? Cette réponse l'avez-vous égarée ou l'avez-vous, sans l'ouvrir, jetée dans quelque coin poudreux de votre chambre professorale ? et puis quand des termes de six mois, termes par vous même proposés et posés, termes par moi franchement acceptés, sont par delà échus, êtes vous bien fondé à vous étonner de ma manière d'agir ? à quoi bon revenir à votre lettre du 16 novembre dernier et me parler encore de renseignemens pour établir des comptes, entrer en compte ? pourquoi promener ainsi les gens? Aux relevés par moi soumis et présentés opposez des acquits équivalents, prenez le droit chemin et ne venez pas me dire séchement que, sans l'en prévenir, j'ai disposé sur M. Le Principal, qu'il s'en trouve gravement offensé et qu'il ne s'engage pas à acquitter toutes mes 3 traites. Je crois apercevoir en tout cela non un désir de régler, de terminer loyalement, mais une propension à la chicane. Puissé-je me tromper !...

A voir la tournure des choses, il me semble que je n'anrai guère à regretter de ne plus recevoir les ordres de M. Dadier.

Toute la faveur que je lui demande après rupture, *après une rupture par vous seul occasionnée*, c'est de me conserver son estime. Pour moi le sacrifice est fait et je suis pleinement résigné...

Je vous devois ces explications, Monsieur Pruvot. Je prie Dieu qu'elles soient pour vous non un coup de foudre, mais une lumière qui vous éclaire et vous découvre quel je suis, qu'elles vous mettent la tête non en feu, mais dans un calme parfait et que, au lieu de faire bouillonner le sang dans votre poitrine, elles gravent bien avant dans votre cœur le souvenir de celui qui vous est connu et qui désormais se montrera d'une autre *manière* que par commission,

Votre très-humble et très-reconnaissant serviteur
C. F. Théry.

Monsieur,

Vous me permettrez de vous dire que, dans vos réponses à M. Pruvot, vous êtes toujours à côté de la question. On ne se plaint pas de votre crédit, vous l'avez accordé au moins le temps que nous étions convenus, et, en ce moment, il existe une différence dans nos comptes, n'est-il pas tout simple de terminer ce compte avant un paiement définitif? on vous a dit que j'y travaillois de mon côté; en effet j'ai écrit à MM. Robert et Lepinoy pour avoir quelques renseignements, il n'y a encore que M. Robert qui m'ait répondu. Quand j'aurai toutes mes pièces, je ne demande pas mieux que nous entendre. Si vous entrez dans cette pensée, je veux bien continuer mes rapports avec vous et vous pourrez alors expédier la dernière commande. Vous avez promis de m'envoyer le compte général, je l'attends. Cet amiable que je vous propose vaut beaucoup mieux que de nous enfoncer dans des procès aussi désagréables pour vous que pour moi.

Dans l'attente d'une solution pacifique, veuillez me croire, Monsieur

Votre très-humble serviteur.

Est signé : Dadier, prêtre.

Arras, le 10 Décembre 1854.

Quàm tibi conveniunt à quodam hœc condita vate :
  « Deficiente pecu, deficit omne, niâ ! »

Monsieur Dadier,

Vous me permettrez de vous répondre que, le 27 octobre dernier, vous étiez à côté de la question et qu'aujourd'hui c'est encore la même chose. Essayons d'y rentrer et, pour cela, reportons-nous au passé.

Loin de se plaindre de mon crédit, n'étoit-on pas, le 27 octobre 1852, honteux d'en avoir usé bien au delà du temps que nous étions convenus ? a-t-on, depuis, comblé par quelques petits versements la différence qui, en ce moment là, existoit dans nos comptes, dans un compte qu'il eut été tout simple de régler de six mois en six mois, de terminer à tout le moins une fois l'an, si, chez vous, l'on n'étoit pas continuellement à court de fonds ? et quand, de votre aveu, cette différence n'a pas cessé d'exister, la ferez-vous disparoître en repassant des mémoires qui ne sont qu'à l'état de fœtus, ou en écrivant à MM. Robert et Lepinoy pour avoir quelques renseignements, pour obtenir quelques éclaircissemens ?

Allons donc, Monsieur Dadier, ne me cherchez pas midi à quatorze heures et, si vous ne demandez pas mieux que de nous entendre, travaillez sur vos pièces, acquittez vos reliquats de 1850-51, 1851-52, réservez bon accueil à mes 3 traites. Si vous entrez dans ces pensées, je veux bien continuer mes rapports avec vous et je pourrai alors vous expédier votre dernière commande.

J'ai promis de vous envoyer le compte-général, il ne se fera pas attendre.

Quant à votre amiable, ne me le proposez plus. C'est un rêve inutile et il ne sauroit, entre vous et moi, s'agir *d'amiable*. Vous devez, payez ; ou, si vous êtes sur les côtes non-recouvrables, avouez-le *en toute franchise, sans respect humain aucun* ; ça sera mieux que de manigancer avec un *factotum* sujet à caution et de préluder par du mic-mac à *des procès aussi désagréables pour vous que pour moi.*

Dans l'attente d'une résolution qui ne manquera pas, si vous renoncez à la stratégie, d'être pacique, veuillez me croire, Monsieur Dadier,

Votre très-humble serviteur, C. F. Théry.

———

Sibiville, le 9 Décembre 1854.

Monsieur Théry,

M. Dadier m'a donné connaissance de la lettre qu'il vous a adressée et que vous ne recevrez probablement qu'en même temps que la mienne. D'après cette lettre, vous croirez que je lui ai montré la vôtre datée du 7 courant ; il n'en est rien ; je lui ai seulement fait part de ce que j'ai cru ne devoir pas l'irriter. Vous accusez M. Dadier ou moi, ou peut être tous les deux de propension à la chicane.

Pour M. Dadier, ce qu'il y a, c'est qu'il ne croit pas vous devoir le reliquat réclamé par vous, qu'il croit par conséquent qu'il y a erreur *involontaire* de votre part ; et qu'il cherche enfin à s'assurer s'il doit ou non.

Pour moi, Monsieur Théry, jamais je n'ai eu de propension à la chicane ; et, dans la circonstance présente, tout ce que j'ai dit et fait n'a eu pour but que d'empêcher la chicane.

Pour la dernière partie de votre lettre je ne puis trop deviner si vous parlez ironiquement ou non. En tous cas, sans attendre de réponse à ce sujet, je vous dirai franchement que je n'attends pas de lumière d'en haut pour savoir quel vous êtes. La conduite que j'ai toujours tenue avec vous doit vous dire assez quel jugement j'ai porté sur vous. Or ce jugement n'a pas changé et, quels que soient vos démêlés avec M. Dadier, ils ne sont pas une raison pour qu'il change. Vous n'en douteriez pas si vous me connaissiez bien.

Si je n'avois pas occasion de vous écrire avant la nouvelle année, je vous prie de donner 15 fr. au lieu de 11 à mes parents, pour le mois de janvier seulement.

Veuillez agréer, Monsieur Théry, l'assurance du parfait dévouement de votre très humble serviteur.

Est signé : E. Pruvot.

Arras, le 12 Décembre 1854.

Quanquam verba vafrè mendacibus illita fucis
Blandus et usque tuî similis mihi reddere certas,
Pandentur tua facta, tuæ pandentur et artes.

Monsieur Pruvot,

Pour dire la chose sans ambages, vous êtes le fabricateur et M. Dadier le scribe de la lettre qu'il m'a adressée et que je n'ai reçue qu'en même temps que la vôtre. En présence de ces deux pièces bel et bien combinées, il faudrait être aveugle pour ne pas voir où veulent aboutir des gens qui n'avaient garde, il y a deux ans, de se plaindre de mon crédit. Pour ce qui est de ma réponse datée du 7 courant, peu m'importe que vous ne l'ayez pas montrée à M. le Principal ou que vous lui ayez seulement fait part de ce que vous avez cru ne devoir pas l'irriter ; tout ce qu'il y a, c'est qu'utilement administrée cette potion ne peut être indigeste que pour des consciences ou délabrées, ou valétudinaires. Mais venons à votre hors-d'œuvre. Vous êtes adroit, M. Pruvot, d'intervenir conjointement avec votre mandant, de torturer la phrase « aux relevés soumis opposez des acquits équivalens » et d'en arguer que j'accuse M. Dadier ou vous, ou peut être tous les deux de propension à la chicane. De grâce, n'imitons pas le renard, ne prenons pas, comme lui, de détours, de contours et si nous voulons tourner sans crainte de nous compromettre, sans intention de tromper notre prochain, de nuire à notre prochain, que ce soit de préférence et seulement autour de la Cafetière de six tasses.

À vous entendre, celui qui, le 16 novembre, était *toujours dans la persuasion qu'il y a erreur* dans mon compte

M. Dadier ne croit pas me devoir le reliquat réclamé par moi, croit par conséquent *qu'il y a erreur involontaire* de ma part et cherche enfin à s'assurer s'il doit ou non. Eh bien, avec des preuves à l'appui de ce que j'avance, moi je ne crois pas que M. l'Automate du collége de Sibiville connaisse les termes de votre lettre datée du 27 octobre 1852, je crois par conséquent que, en cette année là surtout, vos mains d'agent, de régisseur, ne sont pas toujours restées vierges et je trouve que, provocateur de mes démêlés avec M. Dadier, vous cherchez à vous assurer tous les moyens de conserver à des mains de Pélisson les apparences et le fard de la virginité.

Il est présumable que jamais vous n'avez allié les contraires, c'est-à-dire que, comme le café et la chicane sont incompatibles, jamais vous n'avez eu de propension à cette dernière; mais tout ce que vous avez, dans la circonstance présente, dit et fait, a eu très certainement un tout autre but que celui d'empécher la chicane : ce but odieux, c'était, c'est encore aujourd'hui d'écarter de vous, pour me les prêter, les torts qui encombent à votre gestion, torts cent fois plus graves que de prétendues erreurs de ma part. Aussi, je conçois sans peine que ma lettre du 30 novembre ait été un coup de foudre pour vous et je ne suis pas surpris que vous ayez eu la tête en feu, que le sang ait bouillonné dans votre poitrine et que, pour calmer vos sens tout en émoi, vous ayez voyagé le lendemain. Pour terminer, votre conduite double, conduite que vous avez tenue, que vous continuez de tenir avec moi, doit vous dire quel jugement je porte sur vous et quel sort vous attend : *Dolosum abominabitur Dominus.* Ps. 5, v. 6. Le mois prochain, je donnerai à vos parens 15 francs au lieu de 11.

Veuillez me croire, Monsieur Pruvot, votre dévoué,

C. F. Théry.

Monsieur,

Je ne sais si la traite dont vous avez parlé à M. Pruvot me sera *présenté* le 20 du courant. Je dois vous dire que pour y faire honneur, j'exige une lettre de vous dans laquelle vous déclarerez que la traite est à l'acquit des fournitures faites en 1853-54. J'ai bien l'honneur d'être, Monsieur, votre tout dévoué serviteur. Est signé : DADIER.

Sibiville, 15 décembre 1854.

Arras, le 19 Décembre 1854.

Monsieur Dadier,

En réponse à votre lettre datée : Sibiville 15 décembre 1854 et portant sur l'adresse : Frévent 18 décembre 1854, je viens vous déclarer que, sans préjudice de mes fournitures antérieures à 53-54, j'ai disposé sur vous comme suit :

20 décembre : de la somme de 400 francs,

31 décembre : de la somme de 200 francs,

à valoir sur mes fournitures de 1853-54 lesquelles s'élèvent à la somme de 637 fr. Je suis, Monsieur Dadier, votre très-humble serviteur,   C. F. Thèry.

Sibiville, le 20 Décembre 1854.

Monsieur Théry,

M. Dadier me charge de vous prier de lui envoyer la note des fournitures à lui faites par vous, année 1853—54 jusqu'aujourd'hui. Polycarpe devant aller à Arras vendredi ou samedi prochain, je vous prie de ne pas manquer de la lui remettre, parce que M. Dadier tient à l'avoir avant d'acquitter votre seconde traite Je vous rappelle en même temps le magasin catholique et vous prie d'envoyer pour mon compte 2 *ordo* au lieu d'un que je vous avais demandé. Croyez moi, Monsieur Théry,

Votre tout dévoué serviteur,

Est signé : E. Pruvot, prêtre.

Arras, le 21 Décembre 1854.

Monsieur Pruvot,

Datée d'avant-hier, ma réponse à M. Dadier dit que pour les fournitures de l'année 1853-54 il m'est dû plus de 600 francs. Si l'on a des doutes à ce sujet, qu'on les éclaircisse en repassant ma série de factures correspondantes. Ce que vous m'écrivez-là, c'est du regain ou. si l'on veut, une manière indirecte de me sonner que ma traite de 400 fr. est payée. Savez-vous bien que, en ce moment-ci, votre collége de Sibiville me suscite à lui seul plus de besogne, plus de tracas que tous mes cliens ensemble : mais Bref là-dessus.

Comme la note des fournitures de 1853-54 jusqu'aujourd'hui, fait partie intégrante du compte-général et ne peut en être détachée, je remettrai le tout non au messager Polycarpe par qui l'on n'aime pas à envoyer d'argent, mais aux soins obligeants de votre belle-mère Mme Pruvot laquelle se promet de partir d'Arras le lendemain de Noël afin de vous arriver vers midi.

Ainsi, celui qui tient tant à avoir ma note avant d'acquitter ma seconde traite, M. Dadier la recevra cinq jours avant que cette traite ne lui soit présentée. Mon compte général arrivant le jour de la Saint Étienne, vous pourrez l'examiner avant 1855 et m'y signaler ce qu'on seroit jaloux d'y rencontrer, des erreurs. J'allois ne pas vous marquer que Mme Pruvot se chargera volontiers du *Magasin Catholique* et des 2 *Ordo* pour votre compte.

Croyez-moi, Monsieur, Votre dévoué,   C. F. Théry.

Arras, le 25 Décembre 1854.

Monsieur Dadier,

Mme Pruvot vous arrive demain porteuse du compte-général. Fait avec toute l'attention dont je suis capable, ce travail accuse de légères réductions de prix, réductions qui sont à votre avantage. Passons outre. Comme le nombre d'articles à copier étoit considérable, il est possible qu'il se soit glissé des oublis involontaires dans mon relevé, vous me feriez donc plaisir de le collationner soigneusement avec les factures qui, depuis l'ouverture de nos relations, ont accompagné vos commandes. Quant aux onze paiements qui me sont, depuis septembre 1850 jusqu'à fin octobre 53, venus par l'un, par l'autre, vous les trouverez portés en marge. Convaincu qu'ils balancent les quittances que vous avez en portefeuille, j'attends une solution pacifique et, dans cette attente, je suis, Monsieur Dadier,

Votre très-humble serviteur,   C. F. Théry.

Monsieur,

Vos mémoires ne suffisent pas pour vous donner les éclaircissemens dont vous avez besoin. Il faut en outre une note détaillée de tous les paiements qui ont été faits ;

cette note doit exprimer chaque paiement en particulier, avec les *dattes* et même autant que possible les noms des personnes qui ont fait ces paiements. Si votre nouvelle traite m'est présentée, il est bien entendu que je ne l'acquitterai qu'aux mêmes conditions que la dernière.

J'ai l'honneur d'être, Monsieur,

Votre très-humble serviteur.

Est signé : Dadier.

Sibeville, le 23 Décembre 1854.

―――――――

Arras, le 3 Janvier 1855.

Monsieur Dadier,

A en juger par le contenu de votre dernière lettre, il semble vraiment que vous vivez étranger à vos propres affaires ou que vous les gérez par un autre.... Mais détournons-nous de cette pensée et venons à mes Mémoires.

S'ils *ne suffisent pas pour* me *donner les éclaircissements, dont,* à votre avis, j'ai *besoin,* je ne puis, je ne dois les trouver que dans votre droite et loyale probité.

A quoi bon m'entretenir *d'une note détaillée de tous les paiements qui* ont été faits, *d'une note* qui *doit exprimer chaque paiement en particulier et même autant que possible les noms des personnes par qui ces paiements ont été faits ?*

Ai-je à m'occuper de *dates* et de *noms* de *personnes* chargées par vous de me verser des à-comptes ? Je me borne donc à vous déclarer que trois versements de 200 fr. m'ont donné 600 francs sur mes fournitures de 739-15 (année 1850-51) et que deux versements l'un de 200 fr., l'autre de 100 fr., m'ont donné 300 francs sur mes fournitures de 1851-52. La somme de 100 francs m'a été payée par M. Lépinoy, celle de 200 francs l'a été par M. Robert. Pour conclure, ma troisième traite est et reste maintenue; d'ici-là vous aurez eu le temps d'examiner et de réfléchir.

Mes acquits sont et doivent être entre vos mains, ils expriment les paiements, les dates et les noms des personnes qui vous représentoient ; il ne s'agit donc que de les relire, de les consulter pour éclairer votre religion. Mais faisons trêve à ces misères humaines et permettez-moi de vous offrir comme de coutume mes vœux et souhaits de bonne année et croyez-moi, Monsieur Dadier,

Votre très-humble serviteur.　　C. F. Théry.

Monsieur,

En affaires les personnalités ne valent jamais rien, avec plus de raison que vous, je pourrais vous renvoyer les observations par lesquelles vous commencez votre lettre. A peu près pour chaque année il existe des différences entre vos Mémoires, ce que vous m'en dites dans plusieurs lettres en particulier, ce que vous dites des deux paiements faits par MM. Robert et Lépinoy est opposé à mes écritures. Ce qui pourrait prouver que vous ne mettez pas toujours en pratique les conseils que vous donnez aux autres.

Ma dernière lettre a été faite de concert avec M. Pruvot; je viens de lui lire votre réponse, il ne vous conçoit pas du tout.

Vous parlez de loyale probité, je ne conteste pas la vôtre, veuillez aussi respecter la mienne. Je n'ai jamais nié mes dettes, mais je n'ai jamais entendu de les payer deux fois.

Si le cas se présentait, ce ne serait pas le premier arrêt d'un tribunal qui m'y ferait consentir.

J'acquitterai votre traitre de 200 francs. Vos lettres antérieures qui en déterminent l'objet me seront toujours une garantie suffisante. Au reste j'aime à me persuader que tout finira à l'amiable. C'est bien dans cette pensée que je vous remercie de vos vœux, et vous prie d'accepter les miens. M. Pruvot vous offre aussi les siens.

Je suis bien, Monsieur, votre très humble serviteur.

Est signé : DADIER.

Sibiville, 4 Janvier 1855,

Arras, le 5 Janvier 1855.

Monsieur Dadier,

Il faut donc encore une fois reprendre les choses de plus haut et je le ferai sans amertume, sans passion. J'admets qu'en affaires les personnalités ne valent jamais rien. Je veux même reconnaître que vous seriez en droit de me renvoyer les observations qui ouvrent ma dernière lettre, si vous n'aviez commencé par me dire. me répondre que vous ne me deviez rien, ce qui me semble plus fort que des différences dans mes Mémoires, si différences à votre détriment vous y rencontrez.

Quant aux deux derniers paiements à moi faits par MM. Robert et Lépinoy, ils sont, n'en déplaise à vos écritures, l'un de 100 francs, l'autre de 200 francs et les acquits à eux délivrés doivent vous prouver que j'ai mis en pratique pour moi des conseils que ma dernière réponse ne s'arroge pas de vous donner.

Votre lettre du 28 décembre a été, m'écrivez-vous, faite de concert avec M. Pruvot ; je ne comprends point, je ne m'explique point que, lui votre bras droit, ait eu la force de se prêter à cette rédaction laquelle devait le gêner, le contrister.

Vous lui avez lu ma réponse, il ne me conçoit pas du tout. C'est donc qu'il a cessé de me connaître ou qu'il me trouve inconséquent avec mon passé lequel n'est pas un secret pour lui ni une honte pour moi.

Je ne joue point avec vous un rôle de normand : ne me faites donc pas dire ce que je ne dis et ne pense pas ; car en appeler à votre droite et loyale probité, ce n'est pas la soupçonner, la contester ni même l'attaquer, c'est la respecter et en faire cas.

Ma réponse ne vous présente pas comme reniant vos dettes et, son intention n'est pas de vous faire payer deux fois.

Enfin, rien de ma part ne vous provoquait à me jeter sur le papier : « Si le cas se présentait, ce ne serait pas le premier arrêt d'un tribunal qui m'y ferait consentir. » Un pareil langage, s'il pouvait être pris à la lettre, au sérieux, annoncerait un homme plus que versé, plus que pratique dans un genre d'escrime qui m'est inconnu ; mais passons cette verte sortie à votre dialectique et gardons-nous d'envenimer davantage la chose.

Puisque vous acquitterez ma traite de 200 francs, *traite à vous présentée fin décembre*, soyez-en loué ! il ne vous restera plus qu'un troisième pas à faire pour me prouver et me convaincre que vous tenez à en finir à l'amiable ; ce pas, la conscience vous le conseille.

Maintenant que vous avez en main mes Mémoires, c'est à vous de m'exhiber non mes acquits, mais au moins copie de mes acquits. Si réunis, additionnés, ils sont à quelques francs près l'équivalent de mes fournitures, tout sera dit et terminé : montrez-moi clairement, nettement que je me trompe, que je me suis trompé, je serai glorieux de reconnaître mon erreur et heureux de la confusion que vous aurez, Monsieur, infligée à

Votre très-humble serviteur,
C. F. Théry.

Arras, le 20 *Janvier* 1855.

Monsieur Pruvot,

Je suis fort surpris que, après tant de clartés par moi répandues sur nos comptes des années 1850-51, 1851-52, ma traite 490 francs me revienne impayée. Je suis surtout étonné que, pour motiver son refus de paiement, M. Le Principal ait dit : « M. Théry a eu tort de disposer sur moi. » Une telle raison de la part d'un ancien professeur de logique et de philosophie est, en vérité, cent fois plus que mesquine. Un jour ou l'autre, vos signatures antérieures seront là pour le démontrer.

Quoi, j'ai eu tort de disposer sur M. Dadier ! Mais, ne m'était-il pas, avant la rentrée scolaire 1852-53, dû, redû par le collége de Sibiville une somme de, la somme de 1072 francs 50 centimes ? Il est vrai que dans les premiers jours d'octobre 1852, alors que vous montiez en cabriolet pour retourner à votre chaire professorale, vous me berciez de belles promesses. Oui, vous m'assuriez, en me serrant la main, qu'il me seroit, sous peu, remis un à-compte de 300 francs ; mais en guise d'argent et de fonds que j'attendois, je vis arriver, il m'arriva la lettre ci-après reproduite. « *Sibiville,* le 27 *Octobre* 1852. Monsieur,

M. Dadier me charge de vous dire qu'il est *honteux de vous devoir depuis si longtemps.* Il a des fonds disponibles et peut vous payer tout ce qu'il vous doit. Mais si vous pouviez attendre jusqu'au mois de janvier, cela l'arrangerait parce qu'il a dessein de faire une provision de blé.

Alors, il vous paierait tout ce qu'il vous devroit et vous ferait même une avance pour compenser la prolongation du crédit. Mais il veut que vous parliez en toute franchise, sans respect humain aucun. Votre très humble serviteur. Est signé : Ed. Pruvot. »

Sur ma réponse *en toute franchise* et *sans respect humain
aucun*, on tâcha de m'envoyer 200 francs et on les accom-
pagna d'une lettre dont voici les termes: « Monsieur,

Je vous envoie 200 francs par Hesdin Polycarpe.
M. Pruvot vous a dit pourquoi je me trouvais *un peu gêné*.
Je sais qu'un quelqu'un cherche à me nuire, mais la calom-
nie retombe souvent sur celui qui l'invente.

Nous connaissons l'oiseau et nous savons de quoi il est
capable. Je suis bien sincèrement, Monsieur, Votre très-
humble serviteur,   Est signé : Dadier.

Sibiville, 4 Novembre 1852. »

Voilà, Monsieur Pruvot, deux pièces qui marquent dans
mes relations avec le collége de Sibiville, deux pièces qui
conspirent à constater, l'une, que vous possédez on ne
peut mieux l'art d'amadouer les honnêtes gens, de leur en
faire accroire, l'autre que vous n'avez pas, en 1852,
acquitté le compte de M. Dadier, que vous n'avez pas, en
1852, dit en acquittant le compte de M. Dadier : « au
moins vous n'aurez encore à redouter aucun des dangers...»
Que ces deux pièces là soient l'objet de vos reflexions,
de vos soins et remplacent votre copie de lettres, si jamais
vous l'avez, ou faute de prévoyance ou crainte d'être par
lui convaincu de péculat, déchiré non seulement pour
essuyer l'inexprimable bouche, mais même pour faire
bouillir ce que vous aimez tant, la cafetière de six tasses.

Mais à quoi ont abouti vos redondantes promesses de me
payer, en janvier 1853, tout ce qu'on me devrait, et de me
faire même une avance pour compenser la prolongation du
crédit? Janvier venu, j'attendais, j'attendais....... de
grosses étrennes et, après 25 jours d'attente, je recevois de
vous ce balbutiement : « M. Lépinoy vous remettra *probablement cent francs à valoir pour le compte de M. Dadier.*»
En effet, le premier mercredi de février, 100 fr. m'étoient
apportés par un ouvrier de M. Lepinoy :

Viminea in cista est allatus ridiculus mus.

Et, le lendemain 3 février, une lettre de votre main me
demandait : « Vous a-t-on remis les 100 francs? » Mais
passons à mars, mois où vous étiez *fâché de m'envoyer une
lettre désagréable*, mois où vous *ne* pouviez *pas toujours
recevoir les reproches sans m'en faire* ma *part*. Croyez-vous

que si, au lieu de mettre de *l'indifférence* à vous *servir*, j'avais alors disposé sur M. Dadier de 772 fr. 50, reliquat des deux années antérieures, croyez-vous que, pour motiver son refus de paiement, il eut dit : « M. Théry a eu tort de disposer sur moi ? » Croyez-vous que, en présence de votre lettre du 27 octobre 1852 et de la sienne du 4 novembre suivant, *la religion et l'honneur* ne lui eussent pas rappelé *bien haut* le devoir inflexible d'acquitter ses dettes ? Ce qu'il y a de certain c'est qu'il n'eut pas pu sophistiquer ni m'écrire : « *à entendre M. Pruvot je vous redois encore et assez bien sur l'année* 52-53 *; de mon côté, je crois ne vous devoir rien du tout.* » Et chose non moins certaine, je n'aurois pas sous la main la preuve irrécusable que, bien que le maigre compte de l'année 52-53 eut été, pendant les grandes vacances, réglé, clos et balancé par vous, M. Dadier m'étoit, le 27 octobre 1853-54, redevable de 772 fr. 50 : Oh ! jamais vous ne m'auriez adressé la réponse dont voici copie textuelle :

Collége de Sibivllle, le 27 *Octobre* 1853.

Monsieur,

Je crois que vous aurez demain 200 fr. d'une part et 100 fr. de l'autre. Il y a eu un peu de *négligence* du côté des deux cents francs ou plutôt oubli. Votre très-humble serviteur.   Est signé : E. Pruvot.

Vous avez, Monsieur, tant abusé de ma bonne foi, de ma confiance qu'aujourd'hui, des pièces que j'ai gardées, que je n'ai pas laissé égarer, vos signatures se comptent, se dressent conjointement pour accuser M. Dadier ou vous ou peut être tous les deux de cacher sous l'habit sacerdotal de vrais chevaliers d'industrie. Vous me permettrez de croire que, de votre côté comme du mien, les individus ont manqué leur vocation ; en âme et conscience vous me devez et vous devez, pour ce qui est de la vocation, être de l'avis de

Votre très-humble serviteur C. F. Thé

FIN DE LA PREMIÈRE PARTIE.

Arras. — Typographie Le Mâle, rue des Rapporteurs, 6.

www.ingramcontent.com/pod-product-compliance
Ingram Content Group UK Ltd.
Pitfield, Milton Keynes, MK11 3LW, UK
UKHW022327170726
13837UKWH00005BA/2161